I0464701

La Retraite À 30 Ans:
Comment Prendre Sa Retraite Et Atteindre L'Indépendance Financière 4 Fois Plus Vite Que Les Autres, Voyager, Vivre Ses Rêves Et Etre Heureux.

Copyright © 2016, Remy Roulier

TABLE DES MATIÈRES

INTRODUCTION.

Bienvenue dans cette formation qui va vous montrer comment prendre votre retraite 4 fois plus vite que l'énorme majorité des gens qui s'éreintent au travail pendant plus de 40 ans, laissant souvent leurs rêves de côté jusqu'à atteindre un âge où ils n'ont plus forcément la santé pour les réaliser.

Pourquoi devrait-on attendre d'avoir soixante ans ou plus pour enfin se mettre à découvrir le monde, voyager, vivre ses rêves et se permettre de se sentir heureux et épanoui ?

L'énorme majorité des gens perdent leur vie à la gagner, et la mettent entre parenthèses pendant plus de 40 ans pour recevoir au final un petit chèque chaque mois et en étant dans un travail ou dans un environnement qui ne leur convient pas.

Pourtant, bien des personnes ne pensent pas possible de pouvoir arrêter de travailler et d'acquérir une indépendance financière avant d'atteindre l'âge de la retraite.

Ainsi fonctionne le monde, et ainsi nous sommes programmés.

Avant même que l'aventure de la vie ne commence, elle est déjà finie car vous vous imaginez déjà vivre le restant de votre vie de la manière dont les autres l'ont choisie pour vous, et pas de la manière dont vous l'avez vraiment choisie.

Comme vous vous en doutez, les informations que vous allez découvrir dans cette formation vont avoir le pouvoir de changer votre vie.

Elles vont certainement vous retourner littéralement le cerveau et peut-être même vous empêcher de dormir, tellement vous découvrirez que prendre votre retraite à 30 ans tout en améliorant votre qualité de vie est bel et bien possible, quelle que soit votre situation actuelle.

Bien entendu, ce ne sont pas des informations accessibles à tous, et vous imaginez probablement que vous ne les trouverez jamais toutes crues en les cherchant dans Google, ni d'ailleurs dans les livres.

Vous allez non seulement pouvoir prendre votre retraite et arrêter de travailler le plus rapidement possible, mais bien souvent vous améliorerez considérablement votre qualité de vie, et vous sentirez heureux et en accord avec vous-même.

Le fait de vous imaginer assis sur un transat à siroter des cocktails sur la plage pendant que les autres passent leur temps à travailler dur va enfin être rendu possible.

Tout simplement parce que cette formation va vous permettre de créer une machine qui travaille pour vous, et qui vous rapporte davantage que ce que vous ne dépensez, ce qui veut dire que techniquement vous serez retraité.

Alors que certains travaillent toute leur vie sans se sentir épanouis, d'autres s'organisent pour prendre leur retraite à 40 ans. D'autres à 30, et d'autres parfois même à 25 ans.

Cette formation va donc vous guider en pas-à-pas en 5 modules (+1 module bonus) pour prendre votre retraite le plus rapidement possible, et vivre la vie que vous désirez vraiment.

Voici tout ce que vous allez apprendre :

Module #1

A la fin de ce module, vous aurez compris la mécanique exacte avec laquelle fonctionne ce système.

Vous connaitrez le principe qui va vous permettre de construire votre indépendance financière à vitesse accélérée, tout en conservant (et bien souvent en améliorant) votre qualité de vie.

Module #2

Ce deuxième module va parler de relocalisation.

Vous allez découvrir comment vous pouvez facilement vous relocaliser pour vivre une vie de rêve 2 à 4 fois moins chère.

A la fin de ce deuxième module, vous aurez choisi le pays idéal pour vous, selon vos critères personnels et selon le degré de dépaysement voulu.

Vous verrez comment vous pouvez vivre sous un climat paradisiaque toute l'année, ou décider de conserver vos habitudes et vous relocaliser dans un pays d'Europe à 2 heures de Paris, tout en vivant une qualité de vie nettement meilleure et qui n'a plus rien à voir.

Ainsi, rien qu'avec la relocalisation, votre capacité d'épargne va s'en trouver au moins doublée.

En d'autres termes, cela signifie que vous pouvez déjà diviser par deux ou plus le temps nécessaire pour atteindre l'indépendance financière et devenir autonome.

Par ailleurs, il est totalement idiot si vous vous déplacez de continuer à payer des impôts dans votre pays actuel.

C'est pourquoi vous allez découvrir à l'aide du prochain module comment ne plus payer d'impôts ni de charges sociales.

Module #3
Le troisième module va aborder l'aspect fiscalité.

Vous allez y découvrir comment ne plus payer d'impôts (ou presque plus) ni de charges sociales légalement si par exemple vous travaillez en freelance sur le web à l'étranger.

En effet, à partir du moment où vous vivez dans certains pays, vous pouvez monter votre business à l'extérieur, dans des pays ne taxant pas les revenus générés de l'étranger.

Vous verrez exactement les pays dans lesquels vous pouvez choisir votre pays de résidence fiscale qui ne taxe pas les revenus perçus par l'étranger et quel pays choisir pour y créer votre business. (Ne vous inquiétez pas, vous serez guidé tout le long et tout vous sera expliqué très simplement).

Vous verrez aussi dans ce module comment vous pouvez facilement remplacer la Sécurité sociale et votre mutuelle actuelle à l'aide de grandes compagnies d'assurances françaises privées qui vous donneront une couverture aussi performante, voire souvent davantage.

Rien que ce module vaut à lui seul le coût que vous payez chaque année en impôts et charges sociales.

Si comme la majorité des entrepreneurs vous payez environ 50% d'impôts et charges sociales confondues, alors vous allez doubler vos revenus rien qu'avec ça.

A ce stade et grâce aux deux modules précédents, vous aurez déjà divisé par 2 le temps nécessaire à économiser suffisamment pour votre retraite en vivant dans un pays où la vie est au minimum 2 fois moins chère, et vous aurez encore divisé par 2 ce temps nécessaire en éliminant les impôts et charges sociales.

Ainsi, rien qu'avec ces deux modules, vous aurez déjà divisé par au moins 4 le temps dont vous avez besoin pour économiser suffisamment afin de vivre des intérêts de votre épargne.

Mais ce n'est pas tout (restez bien accroché).

Module #4
Dans ce quatrième module, vous allez découvrir la stratégie de l'épargne explosive, qui va vous permettre

d'économiser un maximum d'argent en un minimum de temps.

Vous allez dans un premier temps calculer la somme exacte à économiser chaque mois pour prendre votre retraite l'année que vous choisissez.

Vous aurez également la réponse de savoir si utiliser l'immobilier pour se faire une rente est une bonne solution, ou pas.

Enfin, vous découvrirez comment vous constituer un fond d'urgence d'un an, qui vous donnera la sécurité de vous retourner s'il y avait une urgence quelconque.

A la fin de ce module, vous connaîtrez donc ce montant exact que vous devez avoir pour vivre des intérêts de votre épargne, sans jamais avoir besoin de toucher au capital.

Module #5

Dans ce cinquième module, vous allez voir un système révolutionnaire dont personne ne parle en Europe, pour faire fructifier votre épargne simplement, sans prendre aucun risque et sans rien y connaître en finance.

Ce système inventé par un auteur mort il y a quelques années a largement fait ses preuves. Il rapporte en moyenne 9,6% par an depuis les années 70 et fonctionne avec presque n'importe quelle banque ou broker en ligne.

Il constitue par ailleurs la manière la plus sûre actuellement de placer son argent pour vous protéger de tout (de l'économie, des banques, des changements législatifs possibles, etc.).

Après une explication de son principe de fonctionnement basé sur les 4 saisons de l'économie (inflation, déflation, prospérité, récession), vous verrez comment placer votre argent pour faire face à chacune de ces saisons, et obtenir en moyenne 9,6% d'intérêts par an.

Une fois que vous l'aurez mis en place, vous verrez comment vous pouvez très simplement rééquilibrer ce système en à peine une heure chaque année, pour le faire tourner.

Enfin, vous verrez comment obtenir encore plus de sécurité pour votre épargne par la diversification géographique.

Module Bonus
Le module suivant est un module bonus qui complète parfaitement le système complet que vous avez mis en place.

Il va vous doter d'un outil capital, qui peut tout changer.

Ainsi, cette formation va vous apporter bien plus qu'un simple moyen de prendre votre retraite plus rapidement que 97% des gens.

Elle va vous permettre de vous ouvrir à des possibilités auxquelles l'énorme majorité des gens n'auraient jamais pensé.

Ces possibilités vont avoir le potentiel de vous changer la vie.

Imaginez-vous de pouvoir vivre une vie de rêve dans un pays tropical ou en restant en Europe, à seulement 2 heures de Paris.

Imaginez-vous pouvoir aller au resto tous les jours, vivre dans un magnifique appartement de 150 mètres carrés ou dans une belle maison au bord de la plage.

Imaginez-vous de dépenser 2 à 4 fois moins d'argent que dans votre ancienne vie, et ne plus payer ou presque d'impôts ni de charges sociales.

Encore une fois, si vous avez actuellement l'impression de ne pas vivre la vie dont vous rêvez et de ne pas être "à votre place", les informations de cette formation risquent fort de vous retourner le cerveau et de vous empêcher de dormir.

Puissent-elles se montrer inspirantes pour votre projet présent ou futur, et vous donner envie de vivre la vie dont vous rêvez réellement, et pas celle que les autres vous dictent, et vous inciter à passer à l'action pour transformer votre vie en existence de pacha.

Commençons tout de suite cette fabuleuse aventure vers votre liberté avec le premier module.

MODULE #1: LA MÉCANIQUE EXACTE POUR PRENDRE SA RETRAITE À 30 ANS (OU MOINS) ET 4 FOIS PLUS VITE QUE LES AUTRES.

Dans ce premier module, vous allez d'abord découvrir la mécanique et la stratégie qui se trouve derrière cette méthode qui va vous permettre de construire votre indépendance financière et prendre votre retraite 4 fois plus vite que les autres.

Le pilier sur lequel repose cette méthode consiste avant tout de ne plus voir l'argent en priorité comme un outil pour dépenser, mais plutôt comme un outil pour construire votre indépendance financière.

Autrement dit, à chaque fois que vous gagnez 100 euros, ce ne vont pas être en priorité 100 euros qui vont vous permettre de vous acheter les dernières chaussures ou le dernier téléphone à la mode, mais 100 euros que vous allez mettre sur un compte dédié à construire votre indépendance financière.

Ainsi, si vous mettez 100 euros sur un compte qui rapporte en moyenne 5% d'intérêts par an (et vous verrez dans cette méthode comment obtenir beaucoup plus), cela devient une machine à fabriquer 5 euros par an, en automatique.

Une fois que vous avez mis ces 100 euros par an sur un compte, vous avez ainsi la certitude que quoiqu'il arrive, vous aurez 5 euros par an, même si vous ne travaillez pas.

L'idée est que plus vous allez accumuler de billets de 100 euros, et plus vous allez accumuler de portions d'indépendance de 5 euros par an.

Par exemple, en plaçant 1000 euros, vous saurez que quoi qu'il arrive, vous avez 50 euros par an à vie chaque année.

En fait, chaque euro que vous allez verser va rajouter une goutte supplémentaire à votre indépendance financière, jusqu'à obtenir en intérêts la somme dont vous avez besoin par mois pour vivre (vous verrez dans le quatrième module comment calculer la somme exacte qu'il vous faut avoir pour obtenir le montant mensuel que vous voulez).

Vous allez donc mettre en place cette mécanique, mais avec plusieurs leviers qui vont vous permettre d'aller bien plus vite que tout le monde.

En effet, vous verrez que le placement de 5% par an sera un minimum, et que vous le dépasserez largement grâce au cinquième module qui vous permettra en moyenne d'avoir 9,6% d'intérêts par an.

Avec ça, vous irez déjà bien plus vite que les autres à vous constituer ce fond qui vous permettra grâce aux intérêts d'avoir chaque mois la somme désirée, et vous irez encore plus vite dans votre épargne grâce à la stratégie de l'épargne explosive.

Votre vitesse à épargner à ce stade ne va donc déjà plus rien avoir à voir avec la façon dont l'énorme majorité des gens s'y prennent.

Surtout quand on voit que le taux du livret A ne dépasse souvent pas les 1%, et qu'en Allemagne le taux est parfois même négatif et les gens doivent payer pour mettre leur argent dans une banque.

Mais vous utiliserez également le levier de la relocalisation si vous le souhaitez (que vous verrez dans le deuxième module), qui peut permettre à certains, rien que dans la situation où ils sont actuellement d'atteindre déjà leur indépendance financière.

La relocalisation vous permettra, en plus d'améliorer souvent votre qualité de vie (manger au resto tous les jours, vivre dans un lieu plus grand et plus confortable, etc.), d'aller 2, 4, et parfois 10 fois plus vite pour devenir indépendant financièrement car vous limiterez vos coûts par 2, 4 voire même par 10.

Par ailleurs, vous pourrez également utiliser le levier supplémentaire de la fiscalité pour ne plus payer d'impôts ni de cotisations sociales (ou presque).

Si par exemple vous êtes entrepreneur et que vous travaillez sur le web, alors vous payez probablement 50% d'impôts et cotisations sociales confondues, que vous pouvez légalement ne plus avoir à payer en choisissant de vivre dans un pays de résidence fiscale qui ne taxe pas les revenus perçus à l'étranger et en créant votre entreprise dans un pays qui ne taxe pas les revenus à partir du moment où vous vivez à l'étranger (vous verrez exactement lesquels et comment mettre tout ça en place dans le troisième module).

Ainsi, vous allez pouvoir vous créer votre propre plan d'indépendance financière sur mesure en jouant sur tous ces différents paramètres selon vos objectifs de vie (par exemple si vous souhaitez vous relocaliser ou pas) ou votre situation financière actuelle (par exemple si vous avez déjà un capital de départ ou pas, ce que vous gagnez actuellement, etc.).

Nous arrivons à la fin de ce premier module.

Maintenant que vous avez compris la mécanique exacte pour prendre votre retraite quatre fois plus vite que les autres, rappelez-vous donc que votre objectif prioritaire est de payer d'abord votre indépendance financière (chaque billet de 100 euros vous donne 5 euros/an à vie d'indépendance financière), plutôt que d'utiliser votre argent comme l'énorme majorité des gens qui fonctionnent dans une logique de consommation.

Pour terminer ce premier module, voici à titre d'exemple la somme que vous avez besoin d'avoir sur un compte pour obtenir votre indépendance financière si vous avez des dépenses moyennes, tout en restant dans le même pays où vous êtes aujourd'hui.

Vous avez besoin environ entre 400000 et 600000 euros sur un compte qui vous rapporte 5% par an après inflation (à nouveau on verra un système dans le cinquième module pour obtenir même bien plus que 5%), et qui protège votre capital contre tous les risques (économie, banques, changements législatifs, etc.) comme on l'a évoqué dans l'introduction.

Ainsi, 400000 euros placés à 5% vous permettront d'en tirer 1600 euros par mois sans avoir besoin de toucher au capital, ce qui est probablement le minimum pour vivre en restant dans votre pays actuel.

Si vous voulez être un peu plus confortable (encore une fois tout dépend de vos souhaits et besoins), 600000 euros placés à 5% vous permettront de vivre avec 2500 euros par mois absolument sans aucun travail, simplement en vivant avec l'argent que vous avez placé.

Bien entendu, même en étant devenu indépendant financièrement vous pourrez toujours continuer à travailler, mais cela sera un travail par plaisir et non plus par obligation.

Cela sera un travail par choix (passion, volonté de gagner plus, etc.) et non plus par nécessité.

Comme on vient de le voir, vous n'avez évidemment pas besoin d'avoir tout de suite d'avoir cette somme et il est possible que vous partiez aujourd'hui de rien.

Selon votre cas, vous verrez comment mettre en place un plan d'indépendance financière qui correspond à votre situation, et en jouant (ou pas) avec les multiples leviers vous permettant de prendre votre retraite 4 fois plus vite que les autres.

Voyons maintenant dans le deuxième module tout se qui va concerner la relocalisation.

MODULE #2: COMMENT SE RELOCALISER POUR VIVRE UNE VIE DE RÊVE POUR 2 À 4 FOIS MOINS CHER.

La relocalisation est souvent un facteur d'accélération immense pour atteindre l'indépendance financière.

C'est l'outil qu'on peut utiliser lorsqu'on n'a absolument rien comme épargne et des revenus faibles, mais aussi lorsqu'on a déjà une certaine épargne et des revenus élevés pour économiser beaucoup plus et donc atteindre l'indépendance financière beaucoup plus rapidement.

A la fin de ce module, vous aurez choisi le pays idéal pour vous relocaliser, et sur mesure pour vous en fonction de vos critères (degré de dépaysement, climat, proximité avec votre pays actuel, etc).

L'accent va essentiellement être mis sur les endroits dans le monde remplis et privilégiés par les digital nomads (et sûrement les plus intéressants pour se relocaliser), qui sont des entrepreneurs qui travaillent sur le web depuis l'étranger.

Une première partie va traiter de la zone géographique de l'Asie du Sud-Est, une deuxième partie de l'Europe de l'Est, puis une troisième du reste du monde.

Ce qu'il faut bien savoir avec la relocalisation est qu'il faut avant tout la percevoir comme un moyen de maximiser votre capacité d'épargne en réduisant vos coûts par 2, 4 ou parfois bien plus, et en jouant sur cette différence entre vos revenus et vos dépenses.

Admettons par exemple aujourd'hui vous gagniez juste assez pour vous permettre de financer votre mode de vie eu Europe de l'Ouest sans forcément pouvoir mettre de l'argent de côté.

Le seul fait de vous relocaliser, en plus de vous permettre de démarrer une nouvelle aventure passionnante, va vous permettre de diviser instantanément vos dépenses par 2, 4 ou parfois bien plus.

Le but de la relocalisation est donc de pouvoir accumuler sur votre compte chaque mois ces billets de 100 euros que vous ne dépensez pas grâce au coût plus faible, et qui bâtissent votre indépendance financière à raison de 5 euros par an à vie pour chaque billet de 100 euros épargné.

Cet état d'esprit est fondamental, car beaucoup de personnes qui par exemple travaillent sur le web voient la relocalisation comme une excuse pour travailler moins, pour moins créer de valeur et donc pour avoir besoin de gagner moins puisqu'ils n'ont pas besoin d'autant d'argent que dans leur pays actuel.

Ce n'est bien évidemment pas la bonne approche pour développer son business que d'avoir besoin d'en faire de moins en moins et de créer de moins en moins de valeur, et cela ne sert à rien de se relocaliser pour épargner plus si c'est pour au final tendre à vouloir gagner juste assez d'argent pour s'aligner sur le mode de vie local.

Par ailleurs, le deuxième risque de la relocalisation est ce qui s'appelle en anglais le "lifestyle inflation", ou inflation du mode de vie.

En effet, ce principe consiste à dire que les dépenses tendent à s'adapter aux revenus, et que votre mode de vie s'adapte instantanément à votre revenu.

En clair, si vous vous retrouvez dans un endroit où vous pouvez économiser et mettre de côté par exemple 1000 euros par mois grâce à un mode de vie plus faible, vous allez tendre à dépenser ces 1000 euros plutôt que de les mettre de côté.

C'est pourquoi votre but de relocalisation doit être clair dans votre esprit pour ne pas tomber dans ces pièges.

Elle doit avant tout rester un moyen de maximiser votre capacité d'épargne pour accélérer votre indépendance financière.

Supposons par exemple vous soyez freelance sur le web qui gagne 2000 euros par mois en Europe de l'Ouest sans rien pouvoir mettre de côté, et que vous arriviez à économiser une fois relocalisé 1000 euros chaque mois.

Cela ne doit pas être une excuse pour travailler moins jusqu'à ne gagner que 1000 euros par mois afin de vous aligner sur le mode de vie local.

De plus, à chaque fois que vous allez vous payer, vous devez d'abord placer ces 1000 euros sur votre compte pour bâtir votre indépendance financière, et ne surtout pas subir le "lifestyle inflation" en décidant de dépenser la totalité de l'argent que vous gagnez mensuellement.

Ceci étant dit, voyons maintenant la relocalisation en Asie du Sud-Est en page suivante.

II.1- Se relocaliser en Asie du Sud-Est.

L'Asie du Sud-Est est peut-être l'endroit au monde où l'on rencontre le plus de digital nomads.

Elle offre un dépaysement total, un climat souvent paradisiaque, et une qualité de vie généralement nettement meilleure que dans les pays de l'Europe de l'Ouest.

Certains pays de l'Asie du Sud-Est se distinguent du lot.

Celui qui est probablement le plus connu est la Thaïlande, qui grouille de digital nomads.

Vous pouvez choisir d'habiter sur la côte au bord de plages magnifiques, sur les îles telles que Ko Samui ou encore dans des zones un peu montagneuses telles que Chiang Mai, qui regorge de personnes travaillant sur le web.

Vous pouvez aussi choisir directement de vous installer dans la capitale, Bangkok.

Il faut savoir qu'un salaire moyen en Thaïlande est d'environ 300 euros/mois, et un salaire élevé 700 euros/mois.

A titre d'exemple, vous pouvez assez facilement trouver un petit appartement deux pièces sur le côté à 300 mètres de la plage pour moins de 300 euros par mois.

Tout dépend évidemment du budget que vous avez et du lieu où vous souhaitez vivre.

Vous pouvez par exemple avoir une belle maison spacieuse pour environ 500 euros par mois en bord de plage, qui n'est même pas le prix que vous paieriez pour une petite chambre en banlieue parisienne.

Plus vous allez vers le Nord et la montagne, et plus les prix chutent.

Si vous avez un budget beaucoup plus serré et que vous ne pouvez avoir 500 ou 700 euros par mois, un autre pays intéressant est le Cambodge.

Vous pouvez assez facilement vous en tirer pour environ 200 euros par mois.

Il faut savoir que le salaire moyen au Cambodge est d'environ 50 euros/mois.

Vous pouvez aussi y trouver un joli appartement pour le prix d'une place de parking dans une ville de province en France.

Un autre pays à ne pas négliger est l'Indonésie, et en particulier Bali.

Bali est un endroit magnifique et unique au monde, et ne porte pas pour rien son surnom de l'île des Dieux.

Elle a un coût de vie très abordable et attire chaque année des milliers d'entrepreneurs travaillant dans le secteur des technologies, lui valant parfois également le surnom de Silicon Bali.

Vous avez également d'autres destinations intéressantes telles que la Malaisie, le Laos, le Vietnam, ou encore l'Inde avec notamment sa magnifique région de Goa.

Goa a été le lieu de naissance du rêve des hippies des années 70 qui ont choisi cet endroit en particulier pour ses plages paradisiaques.

J'y ai vu des familles louer une magnifique maison de 150 mètres carrés avec un grand jardin, une dépendance pour y accueillir des amis, un coin apéritif avec de jolies banquettes au bord d'une piscine pour à peine 500 euros par mois.

De plus, elles avaient du personnel de maison tels qu'une cuisinière ou un jardinier pour une cinquantaine d'euros chacun par mois.

Quand on pense que le prix d'une chambre de bonne de 9 mètres carrés à Paris vaut 900 euros, ça fait froid dans le dos et donne sérieusement à réfléchir.

Le paradoxe est que la plupart des gens travaillent toute l'année, et dépensent ce qu'ils ont gagné dans un voyage d'une semaine ou deux dans un tel endroit paradisiaque, alors qu'ils pourraient y vivre à l'année tout en payant 2, 4 ou 10 fois moins cher.

Le monde fonctionne parfois bien curieusement.

II.2- Se relocaliser en Europe de l'Est.

L'Europe de l'Est est une seconde zone géographique extrêmement populaire auprès des digital nomads.

Elle attire également des gens qui souhaitent acquérir leur indépendance financière et qui y viennent chercher un travail après avoir tout plaqué en Europe de l'Ouest.

Par exemple, la plupart d'entre eux s'ils sont anglophones se retrouvent professeur d'anglais.

Bien que les salaires y soient moindres, ils se retrouvent ainsi souvent à avoir un niveau et une qualité de vie bien supérieure à celle qu'ils avaient en Europe de l'Ouest en étant un professeur moyen.

Ainsi, l'Europe de l'Est est un excellent compromis de relocalisation, étant une zone géographique assez différente pour être dépaysé, mais pas assez différente pour se sentir déstabilisé.

En effet, la culture y est sensiblement la même que les pays d'Europe de l'Ouest, et l'image que certains ont encore du communisme est définitivement enterrée.

Ce qu'il faut savoir c'est qu'il y a bien longtemps que le communisme est terminé, et a laissé place au capitalisme avec par exemple les mêmes chaînes de magasins ou de supermarchés que vous pouvez trouver en Europe de l'Ouest.

Ainsi, vous pouvez très bien vous relocaliser en Europe de l'Est et continuer à faire vos courses chez Carrefour si tel est votre soucis premier.

L'Europe de l'Est est en effet devenu très modernisée et souvent bien plus sécurisée qu'à l'Ouest, tout en ayant une qualité de vie nettement supérieur que dans les pays de l'Ouest.

A titre d'exemple, un revenu moyen en Europe de l'Est est de l'ordre de 300 euros/mois, et un salaire très élevé est d'environ 1000 euros/mois.

Vous avez ici aussi plusieurs pays que vous pouvez choisir selon votre degré de dépaysement, tout en vous assurant de pouvoir être seulement à 2 heures de Paris.

La France n'est jamais bien loin, et il existe maintenant de nombreux vols low cost pour la rejoindre à 40 ou 50 euros à partir de l'énorme majorité des capitales d'Europe de l'Est.

En se basant sur les pays les plus proches, vous avez par exemple la Hongrie et sa capitale Budapest, qui ressemble esthétiquement à Paris avec des touches d'Europe de l'Est, et qui vous dépayse totalement dès que vous sortez de sa capitale pour aller plus en campagne.

Vous avez également la République Tchèque et sa capitale Prague qui est un bijou d'architecture et une ville très plaisante, ou encore la Pologne ou la Croatie qui vous permet d'être en plus au bord de la mer.

Puis un peu plus loin vous avez la Roumanie. Bucarest sa capitale n'est pas spécialement une ville très esthétique d'un point de vue architectural, et peut-être que vous préféreriez la deuxième ville du pays Cluj Napoca extrêmement jeune et dynamique.

Enfin, le dernier pays que nous aborderons ici est la Bulgarie, qui se trouve juste au dessus de la Grèce et au bord de la mer noire.

Il s'agit d'un pays magnifique et l'un des moins chers de l'Europe de l'Est.

Sa capitale Sofia n'est qu'à une heure de la montagne qui se voit d'ailleurs très bien du centre ville.

Tout à l'Est du pays, il y a la troisième ville Varna au bord de la mer noire et qui attire chaque année des milliers de touristes sur ses magnifiques stations balnéaires.

Il est facile de pouvoir louer un petit appartement meublé à Sofia ou en plein centre de Varna à deux pas de la mer pour 200 à 300 euros par mois.

Ainsi, les pays de l'Est sont un excellent compromis de relocalisation si vous voulez rester proche de l'Europe de l'Ouest, que vous souhaitez rester dans une culture très proche, ou que vous avez peur de perdre vos repères.

Encore une fois, vous y trouverez tous les magasins et grandes marques que vous pouvez avoir à l'Ouest et vous pouvez tout à fait conserver les mêmes habitudes (alimentaires, vestimentaires, etc.) qu'à l'Ouest.

La seule différence est que vous pouvez vivre avec une qualité de vie bien meilleure tout en économisant deux à quatre fois plus d'argent.

II.3- Les autres zones géographiques de relocalisation.

En plus des deux zones géographiques majeures de relocalisation d'Asie du Sud-Est et d'Europe de l'Ouest vues précédemment et privilégiées par les entrepreneurs qui travaillent sur le web, vous avez également d'autres zones telles que les Caraïbes.

Vous y trouverez en revanche d'avantage d'américains, de part la proximité de cette zone avec leur territoire.

Ainsi, vous avez des pays tels que le Costa Rica qui est une merveille en termes de nature, ou encore le Belize ou le Panama.

Ceci termine ce deuxième module.

Vous avez découvert les zones géographiques de relocalisation les plus prisés des digital nomads.

Vous avez dans un premier temps vu la zone géographique d'Asie du Sud-Est, puis la zone d'Europe de l'Est puis d'autres zones telles que les Caraïbes, tout en passant en vue un certain nombre de pays stratégiques (il en existe évidemment bien plus).

Les deux premières zones sont de loin les plus privilégiées par les habitants des pays d'Europe de l'Ouest, alors que les Caraïbes sont souvent plus privilégiées par les américains.

Vous avez ainsi vu comment choisir le pays idéal pour vous, pas seulement en fonction des coûts, mais également selon le degré de dépaysement que vous désirez en termes de culture, de climat ou de proximité avec les pays d'Europe de l'Ouest.

Cela dit et quelle que soit votre préférence, le pays de relocalisation que vous choisirez si vous décidez de vous relocaliser vous permettra d'avoir un coût de vie facilement 2 à 4 fois moins élevé pour un confort identique, et souvent largement supérieur à ce que vous avez actuellement.

N'oubliez pas que vous pouvez avoir une belle maison spacieuse et meublée de 150 mètres carrés à quelques mètre de la plage et avec du personnel de service, pour moins cher qu'une chambre de bonne de 9mètres carrés à

Paris, ou qu'un minuscule studio dans une banlieue grisâtre.

Encore une fois, le choix de vous relocaliser ou pas vous appartient. Et même si vous ne franchissez pas le pas tout de suite, cela vaut tout de même le coup de garder ça dans un coin de votre tête.

Le seul fait de savoir que c'est bel est bien possible peut parfois faire un déclic et tout changer dans vos perspectives et plans de vie futurs.

On se retrouve maintenant dans le prochain module pour parler de fiscalité.

MODULE #3: COMMENT NE PLUS PAYER D'IMPÔTS ET CHARGES SOCIALES LÉGALEMENT QUAND ON EST ENTREPRENEUR SUR LE WEB À L'ÉTRANGER.

Vous allez voir dans ce troisième module comment vous pouvez légalement ne plus avoir à payer d'impôts et charges sociales si vous travaillez en freelance par exemple sur le web à l'étranger.

Il s'agit, en plus de la relocalisation, d'un deuxième levier qui va vous permettre de maximiser votre capacité d'épargne et vous construire votre indépendance financière le plus rapidement possible.

En effet, la plupart des pays d'Europe de l'Ouest sont des régimes collectivistes qui ponctionnent l'immense majorité des entrepreneurs avec des taux de prélèvements qui dépassent les 50% en termes d'impôts et de cotisations sociales.

Bien que certaines personnes n'étant pas dans l'entreprenariat puissent trouver qu'être prélevé autant soit une bonne chose, il n'en est pas moins que c'est une condition souvent difficile à vivre pour la grosse majorité des entrepreneurs qui payent en général bien plus que les autres et qui en retour ne reçoivent rien de l'Etat.

En effet, cela va souvent uniquement dans un seul sens pour les entrepreneurs qui doivent payer sans que l'Etat ne les aide s'ils sont un jour en difficulté ou s'ils perdent leurs clients.

Ainsi, lorsque vous avez quelque chose qui vous prive de 50% ou plus de vos revenus tous les mois, la première chose qu'on devrait regarder pour faire des économies et pour commencer à développer sa capacité d'épargne, ce sont des façons d'éliminer purement et simplement cette chose-là.

Cela est bien évidemment lié à la relocalisation, puisque vous n'allez pas continuer à vivre dans votre pays d'origine tout en évitant d'y payer vos impôts.

Même si certaines personnes le font, cette pratique est évidemment totalement illégale.

Vous ne pouvez pas continuer à travailler sur le sol de votre pays (et surtout dans les pays où il y a une taxation des entreprises offshore comme c'est le cas de la France et de la plupart des pays Européens), et ne pas y payer d'impôts.

En revanche, l'inverse est vrai aussi et vous n'allez pas non plus partir dans un autre pays tout en continuant à payer les prélèvements de votre pays d'origine.

Vous allez donc voir comment supprimer légalement vos impôts et vos charges sociales.

Dans une première partie, vous allez voir comment faire pour ne plus payer d'impôts et cotisation sociales, et dans une deuxième partie vous verrez comment remplacer votre Sécurité sociale efficacement.

III.1- Comment légalement ne plus payer d'impôts ni de cotisations sociales.

La solution consiste en deux étapes, et est tout-à-fait légale.

La première chose à faire est de choisir un pays de résidence fiscale qui ne taxe pas les revenus offshore tant qu'ils n'atteignent pas le sol du pays en question.

Autrement dit, si vous êtes résident fiscal dans ce genre de pays et que vous avez une entreprise basée à l'extérieur de ce pays, alors vous n'êtes absolument pas taxé sur les revenus générés par cette entreprise, à condition qu'ils ne touchent pas le sol de votre pays de résidence fiscale (d'où l'importance d'avoir un compte bancaire dans un pays différent de votre pays de résidence fiscale, vous verrez ça plus en détails un peu plus loin).

La deuxième chose est de choisir un pays pour localiser votre entreprise, et dans lequel vous ne payez pas d'impôts, ou seulement un minimum.

Bien entendu, cette stratégie est exposée ici de manière générale pour vous en expliquer le fonctionnement.

Aussi, elle sera certainement à adapter et à faire valider juridiquement par exemple avec un avocat fiscaliste selon votre cas et vos besoins particuliers.

Vous allez d'abord voir en page suivante comment choisir un pays de résidence fiscale.

Vous verrez ensuite comment choisir un pays pour localiser votre entreprise.

Comment choisir votre pays de résidence fiscale.

Comme on vient de le voir, la première chose à faire est de choisir un pays de résidence fiscale qui ne taxe pas les revenus offshore, à partir du moment où ces revenus n'atteignent pas le sol du pays en question.

Parmi ce genre de pays, vous avez la Thaïlande.

A partir du moment où vous décidez de rester plus de 6 mois par an en Thaïlande (ce qui est très simple à faire simplement en cumulant les visas de touriste), alors vous y devenez résident fiscal.

Vous obtenez alors un certificat de résident fiscal de la part des autorités Thaïlandaises, que vous montrerez en guise de preuve à votre pays d'origine pour ne plus y payer d'impôts ni de cotisations sociales.

Vous devrez donc payer vos impôts en Thaïlande, mais vu qu'ils ne taxent pas les revenus générés par votre entreprise qui se trouve en offshore tant que ces revenus n'ont pas touché le sol Thaïlandais, alors vous n'allez rien payer du tout.

Ou plutôt si. Vous n'allez payer que ce que vous retirez par exemple d'un distributeur chaque mois pour payer le loyer et pour manger.

Le reste de votre épargne et de vos revenus sera stocké dans un autre pays, et vous pouvez facilement ouvrir un compte par exemple à Singapour ou à Hong Kong (attention toutefois si vous décidez d'implanter votre entreprise à Hong Kong comme on le verra, il est important de pouvoir faire de la diversité géographique, et donc il peut-être judicieux d'ouvrir un compte dans un autre pays).

Vous pouvez aussi choisir d'ouvrir un compte en Suisse, ou en Belgique.

Ainsi, vous allez vous retrouver résident fiscal dans un pays où vous ne paierez pas d'impôts, ou seulement très peu, et vous n'aurez à déclarer uniquement l'argent que vous retirez sur le sol Thaïlandais.

Evidemment, il faut bien entendu que votre entreprise puisse être en offshore, comme c'est par exemple le cas des entrepreneurs qui travaillent sur le web.

Ce qu'il faut savoir aussi, c'est que votre pays de résidence fiscale n'est pas forcément le pays dans lequel vous allez vivre.

Il ne constitue que votre base fiscale et vous pouvez très bien vivre dans un autre pays la plupart du temps.

Dans le cas de la Thaïlande, il faut cependant vivre au minimum 6 mois sur place pour être reconnu comme résident fiscal.

Cependant, vous avez d'autres pays tels que Malte, qui vous permet d'y avoir pour environ 1000 euros votre résidence fiscale sans même avoir besoin d'y louer un appartement, ni d'avoir une durée minimale de séjour.

Ces informations sont évidemment à consolider juridiquement, mais il vous suffit de taper dans Google "fiscal résidence in malta" pour y voir les possibilités énormes.

Ainsi, vous pouvez tout-à-fait vivre dans un autre pays la plupart du temps tout en ayant votre résidence fiscale ailleurs.

N'hésitez pas à regarder les autres possibilités de résidence fiscale.

En restant dans l'Union européenne, vous avez en plus de Malte l'île de Chypre, mais il est relativement difficile de trouver d'autres possibilités en Europe.

D'une manière générale, vous pouvez regarder du côté de pays indépendants qui ne font pas partie d'une communauté telle que la Communauté européenne, et qui peuvent avoir des systèmes juridiques et fiscaux beaucoup plus intéressants.

Voyons voir maintenant comment choisir le pays pour y localiser votre entreprise.

Comment choisir votre pays pour y localiser votre entreprise.

La deuxième chose à faire est donc de choisir un pays pour localiser votre entreprise, et dans lequel vous ne payez pas d'impôts à partir du moment où vous n'y vivez pas.

C'est par exemple le cas de Hong-Kong.

A partir du moment où vous n'habitez pas Hong-Kong et qu'aucun de vos clients n'est de Hong-Kong, alors vous n'avez aucun impôt à payer pour votre entreprise si elle y est basée.

Vous avez également plein d'autres pays tels que Singapour, les Seychelles ou encore les Iles Vierges Britanniques, et l'idéal à ce stade est d'aller voir un avocat fiscaliste en lui expliquant que vous souhaitez vivre dans un autre pays que celui dans lequel vous allez créer votre entreprise.

Voyons voir maintenant comment remplacer la Sécurité sociale et votre couverture sociale actuelle efficacement.

III.2- Comment remplacer efficacement la Sécurité sociale et votre couverture sociale actuelle.

Vous allez ici découvrir des solutions pour remplacer la Sécurité sociale et votre couverture sociale actuelle efficacement, en utilisant des alternatives privées qui vont être aussi performantes voir même davantage.

Ces alternatives sont de grandes compagnies d'assurances françaises, qui proposent des assurances privées pour les voyageurs.

Vous avez par exemple des entreprises telles qu'Apri Mobilité ou Asfe qui proposent des packs très peu chers si on les compare à la Sécurité sociale et qui vous couvrent aussi bien que la Sécurité sociale selon les options que vous choisissez.

Ceci termine ce troisième module.

Vous avez dans une première partie vu comment légalement ne plus payer d'impôts ni de cotisations sociales, et vous avez découvert dans une deuxième partie comment remplacer efficacement la Sécurité sociale et votre couverture sociale actuelle.

Ainsi, imaginons qu'à ce stade vous doubliez vos revenus en supprimant le prélèvement de 50% que l'Etat vous ponctionnait en impôts et cotisations sociales, et qu'en plus vous soyez relocalisé dans un pays avec plus de soleil et dans lequel vous payez peut-être 2 ou 4 fois moins pour avoir un mode de vie identique et souvent nettement meilleur.

En d'autres termes, vous ne dépensez désormais plus que 25 à 30% de ce que vous dépensiez avant en Europe de l'Ouest lorsqu'on inclut en plus les impôts et prélèvements obligatoires.

Vous voyez alors tout de suite que tout ce qui paraissait probablement impossible au début de cette formation devient largement réalisable, et que vous pouvez construire votre retraite 4 fois plus vite (et même encore plus rapidement) que l'immense majorité des gens.

En effet, vous n'allez pas attendre que ce soit le gouvernement qui construise votre retraite pour vous puisque vous allez aller beaucoup plus vite que lui, et que vous allez la construire par vous-mêmes.

Vous allez maintenant voir dans le module suivant la stratégie de l'épargne explosive afin de vous permettre d'économiser un maximum d'argent en un minimum de temps.

MODULE #4: LA STRATÉGIE DE L'ÉPARGNE EXPLOSIVE POUR ÉCONOMISER UN MAXIMUM D'ARGENT EN UN MINIMUM DE TEMPS.

Vous allez voir dans ce quatrième module la stratégie de l'épargne explosive qui va vous permettre d'épargner un maximum d'argent en un minimum de temps.

Dans une première partie, vous allez découvrir la règle des 4,5%.

Dans une deuxième partie, vous verrez comment vous constituer un fond d'urgence.

Vous verrez ensuite dans une troisième partie la somme exacte dont vous avez besoin pour ne vivre que des intérêts de votre épargne, en fonction du montant que vous voulez toucher en intérêts chaque mois.

Vous allez aussi calculer la somme exacte à économiser chaque mois pour prendre votre retraite l'année de votre choix.

Enfin, une quatrième partie étudiera le cas de l'immobilier comme moyen de se faire une rente.

Elle donnera la réponse à ce que beaucoup de personnes se posent, à savoir si investir dans l'immobilier est réellement une bonne idée ou si c'est plutôt une fausse bonne idée.

IV.1- La règle de 4,5%.

La règle des 4,5% a été démontrée par de nombreuses études économiques et calculs complexes, et consiste à dire que si vous ne voulez pas toucher à votre capital, vous ne devriez pas retirer plus de 4,5% de votre épargne chaque année.

En d'autres termes, sur 100 euros que vous avez dans votre épargne, vous ne devriez pas retirer plus de 4,5 euros chaque année pour avoir l'assurance que vous ne puiserez jamais dans votre capital et que vos 100 euros resteront intacts.

Cela vous permet ainsi de retirer de l'argent de votre épargne en se mettant dans les pires hypothèses, c'est-à-dire en présupposant un taux d'inflation de 4% qui ferait perdre de la valeur à votre argent au fil des années, mais ce taux est évidemment loin d'être aussi élevé et l'inflation quasi inexistante actuellement.

Vous obtenez de cette manière des calculs réalistes et pas uniquement théoriques, en prenant en compte l'inflation dans le calcul.

Nous avions dans le premier module parlé de 5% au lieu de 4,5%, en disant que vous pouviez retirer 5 euros pour chaque 100 euros placés sans risquer de toucher à ce capital de 100 euros.

Cela sera toujours possible et vous pourrez certainement même retirer bien plus que 5% sans aucun risque de toucher au capital grâce au système de placement que vous verrez dans le cinquième module, et qui rapporte en moyenne 9,6% depuis les années 70.

Maintenant que vous connaissez la règle des 4,5%, vous allez voir dans la partie suivante comment vous constituer un fond d'urgence.

IV.2- Comment vous constituer un fond d'urgence.

La meilleure stratégie de placement est de d'abord commencer par vous constituer un fond d'urgence d'un an, auquel vous ne toucherez qu'en cas d'extrême urgence et si vous ne pouvez pas faire autrement (évènement dramatique, business qui s'effondre du jour au lendemain, etc).

Ce fond d'urgence vous permet ainsi d'avoir une sécurité qui va vous donner de nombreux avantages.

Vous aurez tout d'abord une sécurité d'esprit, dans le sens où si votre business tombe du jour en lendemain, cela vous donne une vision d'un an pour réfléchir et démarrer un nouveau projet.

Cela vous permettra également de penser différemment votre business actuel, en pensant à développer votre stratégie à long terme plutôt que de consacrer vos efforts à trouver des bricolages vous permettant d'avoir une ou deux ventes de plus immédiatement afin de boucler le mois car vous êtes dans l'urgence financière.

La première étape est donc de vous constituer un capital d'urgence d'un an d'avance

Ce n'est qu'une fois seulement que vous avez ce compte sécurité d'un an d'avance que vous pourrez vous mettre à épargner et à placer l'argent que vous épargnez non plus dans ce compte sécurité, mais dans le fond qui vous permettra de financer votre indépendance financière et qui vous permettra de retirer chaque année 4,5%.

(Note : vous pouvez aussi décider de retirer chaque année les 4,5% d'intérêts de votre compte sécurité d'urgence d'un an sans toucher bien évidemment au capital d'urgence, ou alors de laisser grossir votre capital d'urgence sans rien toucher).

Vous allez maintenant voir comment calculer la somme exacte à économiser chaque mois pour constituer votre capital qui va financer votre indépendance financière, et duquel vous pourrez retirer chaque année 4,5%, en fonction de l'année à laquelle vous souhaitez prendre votre retraite.

IV.3- Comment calculer la somme exacte à économiser chaque mois pour prendre votre retraite l'année de votre choix.

Vous allez maintenant voir comment calculer le capital total dont vous avez besoin pour ne vivre que des intérêts de votre épargne.

Vous calculerez ensuite à partir de ce capital la somme exacte que vous devez économiser chaque mois pour prendre votre retraite l'année de votre choix.

Vous pouvez décider de faire vos calculs en vous basant soit sur un taux de 4,5% comme le spécifie la règle des 4,5%, ou sur un taux de 5%, ce qui est peut-être plus simple (et ne vous fait pas prendre plus de risques vu que vos intérêts seront en moyenne de 9,6% par an, comme on l'a vu au IV.1).

Vous pouvez très simplement calculer le capital total dont vous avez besoin, qui probablement va se situer entre 400000 et 600000 euros pour avoir une retraite confortable et supérieure à la vie de beaucoup de retraités, comme on l'a vu dans le premier module.

Commencez tout d'abord par définir la somme que vous souhaitez avoir en intérêts chaque mois pour vivre.

Prenons un exemple et admettons que vous souhaitiez avoir 2070 euros chaque mois en intérêts pour vivre.

Ensuite, calculez le montant que cela fait à l'année.

En choisissant 2070 euros par mois et en multipliant par 12 mois, cela fait donc 24 840 euros par an.

Faites ensuite une règle de trois en multipliant ce montant annuel par 100, puis en divisant le résultat par 5 (qui correspond aux 5% d'intérêts, vous pouvez aussi choisir de vous baser sur un taux de 4,5% en divisant le résultat par 4,5, comme on l'a évoqué un peu plus haut).

En multipliant 24480 euros par 100 cela donne 2448000, puis en divisant ce résultat par 5 cela donne 489600 euros.

Ainsi, vous avez besoin d'avoir un capital de 489600 euros placés à 5% pour avoir chaque mois 2070 euros.

A titre informatif, pour avoir 1200 euros par mois (soit un peu plus que le smic net), il faut avoir un capital de 288000 euros placés à 5%.

Cela dit, le pourcentage du placement sera certainement bien plus élevé comme on l'a évoqué, si vous utilisez la méthode de placement qui sera abordée au cinquième module.

Ce qui veut dire que le capital calculé ci-dessus sera un maximum que vous n'aurez très certainement jamais besoin d'atteindre pour obtenir la somme mensuelle que vous désirez.

Evidemment, vous n'allez probablement pas avoir ces 400000 à 600000 euros du jour au lendemain.

Cependant, vous pouvez les avoir beaucoup plus rapidement en utilisant la magie des intérêts composés.

Le principe des intérêts composés est que les intérêts d'une année s'ajoutent aux intérêts passés. Autrement dit, il s'agit des intérêts que vous touchez sur vos intérêts, et qui vous rendent riche sans rien faire.

Ainsi, si vous décidez de ne pas empocher vos intérêts chaque année pour les laisser travailler, ils vont donc s'ajouter chaque année pour faire grossir votre capital d'année en année.

Si le taux d'intérêt est le même au fil du temps, cela vous permettra alors de toucher chaque année davantage d'argent, de part le fait que votre capital grossi d'année en année.

Les intérêts composés sont donc très puissants pour vous permettre d'épargner un maximum d'argent en un minimum de temps.

Ce n'est d'ailleurs pas pour rien qu'Einstein les nommait comme étant *"la force la plus puissante de l'univers"*.

Vous pouvez très facilement faire un calcul de vos intérêts composés avec la règle 72 qui est une version simplifiée du calcul des intérêts composés.

La règle de 72 vous permet de savoir très facilement dans combien d'années votre capital va doubler pour un taux d'intérêt donné.

Pour connaitre immédiatement le nombre d'années où votre capital va doubler pour un taux donné, il suffit juste de diviser 72 par le taux en question.

Par exemple, si vous placez 100 euros à 9,6% (qui est le taux moyen du placement que vous découvrirez dans le cinquième module), vous obtiendrez 200 euros au bout de 72/9,6 = 7,5 années (donc imaginez ce que ça donne si vous placez d'emblée 50000 ou 100000 euros).

Vous pouvez aller directement sur un calculateur d'intérêts composés en tapant simplement dans Google "calculateur d'intérêts composés".

En voici par exemple un, et il en existe plein d'autres : http://www.lucbrialy.com/interets-composes.html

Vous pourrez ainsi déterminer la somme exacte que vous allez devoir investir dans votre épargne tous les mois pour obtenir votre fond qui va vous permettre de vivre sans avoir à travailler en prenant votre retraite l'année que vous voulez.

Le calcul du fond va donc dépendre des paramètres suivants que vous devrez rentrer : le montant de la somme mensuelle que vous devez mettre dans votre épargne, le montant du capital initial que vous pouvez placer immédiatement, le taux d'intérêt, et le nombre d'années pendant lesquelles vous souhaitez faire ce versement mensuel (que vous déterminez selon l'année à laquelle vous voulez prendre votre retraite).

Ainsi, pour déterminer votre somme mensuelle, vous pouvez par exemple fixer le montant de votre capital initial, le taux d'intérêt, et le nombre d'années.

Puis, mettez une somme mensuelle arbitraire pour voir après calcul à combien sera votre fond avec cette somme au bout du nombre d'années que vous avez spécifiées.

Si le montant de votre fond est dépassé, refaites le calcul en ajustant votre somme mensuelle à la baisse.

Si votre fond n'est pas atteint, ajustez votre somme mensuelle à la hausse, jusqu'à trouver la bonne valeur pour atteindre votre fond.

Vous pouvez aussi jouer sur la flexibilité des autres paramètres, notamment en décidant de revoir votre fond à la baisse (et donc le montant des intérêts mensuels que vous voulez toucher), votre capital initial, votre taux d'intérêt ou votre durée d'épargne.

Par ailleurs, vous pourrez certainement atteindre votre fond en beaucoup moins de temps si vous vous êtes relocalisé et que vous avez définitivement résolu le problème des impôts avec le système présenté dans le troisième module.

Grâce à ce même système utilisant différents pays, vous n'aurez donc pas non plus besoin de payer d'impôts sur les intérêts de vos placements d'épargne, selon votre pays de résidence fiscale et le pays dans lequel vous avez votre épargne.

A vous de jouer sur ces paramètres et de trouver la bonne formule selon votre projet et vos besoins.

Une fois que vous avez déterminé la somme exacte à verser chaque mois pour prendre votre retraite l'année que vous voulez, voyons dans la partie suivante le cas de l'immobilier.

VI.4- Le cas de l'immobilier pour devenir indépendant financièrement : fausse bonne idée ?

On peut se demander s'il n'est pas plus intéressant d'acheter par exemple un appartement et de le mettre en location pour obtenir une rente mensuelle.

Le problème de l'immobilier est qu'il va vous rapporter beaucoup moins que le placement que vous allez découvrir dans le cinquième module, et qu'il est beaucoup moins sécurisé.

En effet, les prix de l'immobilier peuvent fluctuer très facilement par la venue soudaine d'une crise qui fait baisser les loyers et la valeur de votre bien.

Vous pouvez aussi avoir un locataire mauvais payeur ou pire, un locataire qui ruine votre appartement en vous laissant une ardoise de milliers d'euros de réparations.

Sans compter le fait qu'il est aussi possible que votre appartement ne soit pas loué en permanence, ce qui vous ferait n'obtenir aucune rente certains mois.

Un autre problème de l'immobilier est qu'il est lié à un pays.

Ainsi, si vous achetez par exemple un appartement dans votre pays d'origine, vous n'allez pas pouvoir profiter de tous les avantages en ce qui concerne la relocalisation et le système qui concerne la fiscalité.

En ayant un bien dans votre pays, vous ne pourrez faire autrement que d'y payer des impôts.

Enfin, et contrairement au placement qui vous protège de tout et que vous allez découvrir dans le module suivant, un achat immobilier ne vous protège quant à lui pas de la hausse des impôts, du changement de réglementations par le gouvernement (obligations de limiter les loyers, de faire des travaux pour respecter telle ou telle nouvelle norme, etc).

Ceci termine ce quatrième module.

Vous avez dans un premier temps découvert la règle des 4,5% qui vous permet de savoir le montant que vous pouvez retirer chaque année pour être certain de ne pas toucher au capital.

Vous avez également vu comment vous constituer un fond d'urgence qui vous donnera une sécurité d'une année entière si jamais il y avait un problème quelconque et que par exemple votre business tombait à l'eau du jour au lendemain.

Puis, vous avez calculé le capital total qu'il vous faut pour ne vivre que des intérêts de votre épargne, en fonction de la somme mensuelle que vous voulez toucher dans votre retraite.

Vous avez ensuite vu la technique des intérêts composés pour vous constituer ce capital beaucoup plus vite, et avez déterminé la somme exacte que vous devez économiser chaque mois pour prendre votre retraite l'année que vous désirez.

Enfin, vous avez eu la réponse à la question que tout le monde se pose, à savoir si l'immobilier est réellement la bonne solution pour atteindre son indépendance financière.

Vous allez maintenant découvrir dans le module suivant le fameux système de placement qui va vous permettre d'obtenir en moyenne 9,6% d'intérêts chaque année.

MODULE #5: LE PLACEMENT SÉCURISÉ QU'ON VOUS CACHE POUR PLACER SON ARGENT À 9,6%/AN SANS AUCUN RISQUE.

Vous allez voir dans ce module un système encore confidentiel en Europe mais autour duquel est né un vrai mouvement aux Etats-Unis.

Il va vous permettre de placer votre argent de manière à ce qu'il vous rapporte en moyenne 9,6% par an, qui est le taux moyen que ce système permet d'obtenir depuis les années 70, c'est vous dire à quel point il est stable.

Ce système est peut-être le meilleur moyen de vous protéger de tout : de l'économie, des banques, ou encore des éventuels changements législatifs par le gouvernement.

Il a d'ailleurs protégé des milliers d'investisseurs pendant la crise de 2008 pendant que les autres étaient en train de tout perdre.

De plus, c'est un système très facile à gérer qui va vous permettre de garder la maîtrise de votre argent tout en comprenant où vous le placez, pour ne plus à avoir à choisir entre les produits que les banquiers essaient de vous refourguer.

Vous verrez qu'en moins d'une heure chaque année, vous pouvez rééquilibrer tout le système avec une simple manipulation.

Vous allez donc d'abord voir dans une première partie le principe de ce placement qui se base sur les quatre saisons de l'économie et vous protège pour chacune de ces saisons (prospérité, récession, inflation, déflation).

Vous verrez ensuite en détails comment faire vos placements pour chacune des saisons de l'économie, et le type de produits financiers à utiliser pour faire vos placements de la manière la plus simple possible.

Puis, vous verrez la petite manipulation annuelle à faire chaque année pour rééquilibrer le système.

Enfin, vous allez découvrir en dernière partie comment aller plus loin avec la diversification multiple.

V.1- Principe du placement qui va vous rapporter en moyenne 9,6% d'intérêts chaque année.

Cette stratégie de placement s'appelle le Permanent Portfolio, et a été développée par l'auteur Harry Browne dans le but de trouver le moyen de placer son argent pour être totalement libre vis-à-vis des banques, des Etats, et surtout de l'économie.

Si vous faites des recherches sur Internet, le Permanent Portfolio est à distinguer du Permanent Portfolio Fund qui lui est un fond qui s'inspire du Permanent Portfolio, mais qui ne réparti pas son capital comme le conseille Harry Browne.

Par ailleurs, il ne correspond pas au principe puisque si vous mettez tout votre argent dans un même fond, cela veut dire que vous ne pouvez pas diversifier votre argent géographiquement ni juridiquement.

Le Permanent Portfolio Fund n'est donc pas la même chose que ce qu'on va voir ici.

Le principe réside dans le fait que le Permanent Portfolio va vous permettre de placer votre argent de manière à vous protéger contre les quatre saisons existantes de l'économie.

En effet, l'économie se retrouve en permanence obligatoirement dans l'une des 4 saisons suivantes : soit en prospérité, soit en récession, soit en inflation, soit en déflation.

C'est ainsi qu'à chaque fois que tout le reste perdait 20 à 25%, le Permanent Portfolio ne perdait rarement plus de 2%, et c'est ainsi qu'il rapporte en moyenne 9,6% par an depuis les années 70.

Le gros problème de la plupart des placements est que vous placez en général tout votre argent dans une même chose, ou dans deux choses différentes mais qui sont corrélées entre elles.

Ainsi, vous ne vous protégez en général que pour faire face à une seule des saisons de l'économie, et si jamais l'économie change brusquement de saison, alors vous perdez tout.

Par exemple, si vous placez tout votre argent dans deux choses corrélées entre elles, une fois que l'économie se crashe comme ça a été le cas en 2008 et qu'il y a une crise ou une baisse, et bien tout le reste va se crasher également (immobilier, bourse, etc.).

Vous allez alors perdre vos différents investissements puisqu'ils sont corrélés entre eux et ils suivent donc le même mouvement.

En revanche, le Permanent Portfolio va vous protéger de ça en vous faisant compartimenter votre épargne sur différents types d'investissements qui ne sont pas corrélés entre eux, et qui sont même corrélés en sens contraire.

De cette manière, si un de vos investissements amène à chuter, un autre va automatiquement augmenter.

C'est par exemple le cas des métaux précieux qui augmentent drastiquement à chaque fois que l'économie chute ou se crashe.

Ainsi, l'idée va être de compartimenter votre épargne dans quatre classes d'investissement qui ne sont absolument pas corrélées et qui ont même souvent l'habitude de monter quand l'autre descend et inversement.

Vous allez ainsi pouvoir faire face aux quatre différentes saisons de l'économie.

Votre épargne sera donc au final répartie de manière équivalente, à raison de 25% dans chacune de ces quatre classes d'investissement.

Avant de voir le détail des placements à faire pour chacune des quatre saisons, vous allez découvrir le type de produits financiers à utiliser pour faire vos placements de la manière la plus simple possible.

V.2- Le type de produits financiers à utiliser pour faire vos placements le plus simplement possible.

Vous allez pouvoir faire vos placements très simplement dans les différents compartiments que vous allez voir par la suite, en utilisant des trackers.

Les trackers sont des produits financiers que les américains appellent ETF pour "Exchange-Traded Fund".

Ce sont en fait des index, c'est-à-dire qu'ils sont comme des fonds de placements mais qu'ils ne sont gérés par personne.

Il existe des trackers pour absolument tout.

Par exemple, si vous achetez un tracker qui est indexé sur l'or, cela vous donne une partie du stock d'or énorme que possèdent des sociétés.

Si le prix de l'or augmente, vous allez pouvoir vendre votre tracker plus cher que vous ne l'avez acheté.

Vous verrez pour chacune des quatre saisons un exemple de tracker à acheter, et pour les acheter il vous suffit d'aller sur n'importe quel broker en ligne qui propose ces outils financiers.

Maintenant que vous savez quel type de produits financiers vous pouvez utiliser pour faire vos placements de la manière la plus simple possible, voyons maintenant en détail les placements à faire pour chacune des quatre saisons.

V.3- Le placement à faire pour la première saison de l'économie.

La première saison est la saison de prospérité.

C'est lorsque tout se passe bien, qu'il y a une progression et que l'économie cartonne.

Vous allez donc en profiter et placer 25% de votre épargne sur le marché global d'actions de la bourse américaine.

L'idée est évidemment de ne surtout pas choisir des actions en cherchant à prédire le futur comme le font la plupart des gens qui s'intéressent à la bourse, et qui perdent tout car ils se sont trompés dans leurs prédictions, ce qui arrive même parfois aux meilleurs analystes.

A la place, vous allez utiliser un index tracker, comme évoqué à la partie précédente.

En effet, l'histoire et les statistiques démontrent largement que les stratégies d'investissement basées sur des index vont très souvent dégommer tous les fonds qui sont gérés par des banques.

L'idée est donc de refuser de prédire l'avenir et de réfléchir en termes de système et non pas d'évènements en se demandant ce qui va augmenter ou baisser aujourd'hui pour placer son argent.

Au contraire, le but est d'avoir un système qui marche tout le temps car basé sur un principe simple de protection des quatre saisons de l'économie.

Vous pouvez donc utiliser ici par exemple le tracker qui s'appelle VTI.

Il s'agit d'un tracker basé sur le marché d'action américain global.

Autrement dit, lorsque la bourse augmente aux Etats-Unis, ce tracker augmente, et quand elle descend ce tracker descend.

On peut se demander pourquoi choisir les Etats-Unis.

La raison est que toute l'économie mondiale est basée sur les Etats-Unis.

En effet, si les Etats-Unis se crashent en matière d'économie, le monde entier se crashe aussi car le plus gros de l'économie est déterminé par ce qui se passe là-bas.

Cela ne fait donc aucun sens de lier votre épargne au marché d'actions européennes ou asiatiques, vu que si quelque chose doit se passer, ça se passera aussi aux Etats-Unis.

Par ailleurs, ce n'est pas forcément un problème si ce placement est en dollars, car le dollar a aujourd'hui probablement plus d'avenir que l'euro.

De plus, à partir du moment où on veut avoir la liberté de se relocaliser géographiquement pour aller vivre dans un ou plusieurs autres pays et être mobile, avoir une partie de votre épargne en dollars vous permet aussi d'être indépendant géographiquement.

En effet, le dollar est un dénominateur commun et constitue la monnaie la plus partagée dans le monde.

Voyons maintenant le placement à faire pour la deuxième saison.

V.4- Le placement à faire pour la deuxième saison de l'économie.

La deuxième saison est la saison de récession.

C'est lorsque rien ne fonctionne et que tout chute.

Vous allez donc ici placer 25% de votre épargne en cash, soit sous forme de tracker, soit en plaçant ces 25% sur un compte bancaire tel qu'un livret A qui ne rapporte absolument rien, mais qui subsistera si tout se crashe.

Si vous préférez prendre un tracker, vous pouvez par exemple prendre le tracker SHY, qui correspond aux obligations municipales US à court terme.

Voyons maintenant le placement à faire pour la troisième saison.

V.5- Le placement à faire pour la troisième saison de l'économie.

La troisième saison est la saison d'inflation.

C'est lorsque l'argent et la monnaie perdent de la valeur.

Vous allez ici placer 25% de votre épargne en or, soit en achetant directement des pièces d'or comme par exemple les pièces d'or Krugerrand d'Afrique du Sud que vous pouvez très facilement trouver (si vous allez en Allemagne ils en vendent même dans les distributeurs des gares), soit sous forme de tracker.

Si vous optez pour l'or sous forme physique, il est d'ailleurs recommandé de prendre des pièces plutôt que des lingots qui sont difficilement transportables et difficilement vendables car tout le monde n'a pas les moyens d'acheter le lingot entier.

Vous êtes ainsi beaucoup plus mobile avec de la monnaie et vous pouvez aussi la cacher plus facilement.

Si vous choisissez un tracker, vous pouvez par exemple vous tourner vers le tracker GLD.

Il faut savoir qu'à chaque fois que la monnaie perd de la valeur, l'or augmente et ces deux variables sont corrélées en sens contraire.

Ainsi, ce placement va vous permettre de vous protéger de l'inflation.

Voyons maintenant le placement à faire pour la quatrième saison.

V.6- Le placement à faire pour la quatrième saison de l'économie.

La quatrième saison est la déflation.

Pour y faire face, vous allez donc placer 25% de votre épargne en obligations d'Etat américaines à long terme entre 25 et 30 ans.

Vous pouvez par exemple ici choisir le tracker qui s'appelle TTL.

Une fois que vous avez réparti votre épargne à 25% dans chacun des quatre compartiments, voyons voir maintenant comment rééquilibrer ces placements avec une opération très simple à faire seulement une fois par an.

V.7- Rééquilibrez vos placements avec une opération toute simple à faire seulement une fois par an.

Maintenant que vous avez votre épargne répartie en quatre compartiments à 25% chacun, vous allez une fois par an rééquilibrer ces différents compartiments par une opération très simple.

Vous allez donc regarder une fois par an s'il n'y a pas une catégorie qui a augmenté ou une autre qui a diminué.

Vous allez pour ça utiliser deux barres imaginaires : une barre basse située à 15% et une barre haute située à 35%.

Imaginons par exemple que l'or ait augmenté et qu'au lieu d'avoir 25% d'or, vous vous retrouviez avec 35% d'or.

L'or ayant atteint la barre haute de 35%, vous allez alors vendre le 10% en surplus afin de repasser à 25%, et vous allez acheter avec ces 10% des choses du ou des autres compartiments dont le prix a baissé.

Cette mécanique vous permet donc au final de toujours acheter lorsque les prix sont bas et de toujours vendre lorsque les prix sont élevés, mais sans jamais vouloir ni essayer de prédire l'avenir.

Vous avez donc un système extrêmement simple que vous pouvez facilement maintenir en le rééquilibrant par une simple opération une fois par an.

Ainsi, une fois par an, vous allez regarder si vos quatre compartiments n'ont pas bougé, car vous ne vous retrouverez certainement plus à 25% dans chacun de ces compartiments. Certains seront plus hauts et d'autres plus bas.

Vous allez simplement attendre qu'au moins un compartiment atteigne la barre des 15% ou des 35% (sinon vous ne faites rien) pour vendre ou pour acheter afin de rééquilibrer une fois par an votre Permanent Portfolio.

Ceci termine donc l'explication de la mécanique financière du Permanent Portfolio.

Bien entendu, et avant de commencer à investir le moindre euro, il est vivement recommandé de lire à propos du Permanent Portfolio, notamment en lisant le livre d'Harry Browne qui en parle et qui s'appelle "Fail-Safe Investing".

Il y a également un livre plus récent intitulé "Permanent Portfolio" disponible par exemple sur Amazon, ou un forum qui s'appelle "gyroscopic investing" (http://gyroscopicinvesting.com/forum/index.php) dans lequel vous avez des passionnés qui en parlent.

Vous allez maintenant voir un autre grand principe très important du Permanent Portfolio qui est la diversification multiple.

V.8- Allez plus loin avec la diversification multiple.

Vous allez voir ici comment aller plus loin en ne faisant pas simplement une compartimentation financière comme on vient de le faire précédemment, mais également juridique et géographique, et physique.

En effet, le plus gros risque pour votre épargne est probablement la loi, car il est tout à fait possible qu'il y ait un changement de loi à un moment donné.

Vous avez par exemple vu comment à un moment les épargnants au dessus d'un certain niveau basés à Chypre ont été spoliés par l'Etat car le pays était en faillite et a ainsi vidé les comptes des épargnants.

De la même manière, il y a eu des périodes aux Etats-Unis où il était interdit de posséder de l'or, et où toutes les personnes qui en possédaient devaient le remettre au gouvernement.

Vous avez aussi un risque des banques qui peuvent parfois partir dans la nature sans prévenir, sans avoir de garanties de récupérer tout votre argent selon les pays où vous avez votre épargne.

L'idée est donc de diversifier votre épargne aussi les endroits géographiques où vous placez votre argent en ayant par exemple des banques dans différents pays si vous vous relocalisez.

L'idée est aussi de diversifier votre épargne en ayant une partie physique sans avoir à tout mettre à la banque, comme par exemple par l'achat de pièces d'or que l'on a évoqué au V.4.

Le but ici est donc de ne pas forcément diversifier votre épargne qu'en fonction de l'économie, mais de diversifier aussi géographiquement et physiquement les endroits où vous placez votre argent, afin d'être vraiment paré contre tous les risques.

Ceci termine ce cinquième module.

Vous connaissez donc toute la mécanique et la philosophie qui se cache derrière le placement du Permanent Portfolio qui permet en moyenne de gagner 9,6% d'intérêts depuis les années 70.

Par ailleurs, il constitue aussi l'une des meilleures façons de protéger votre épargne contre tous les risques extérieurs.

Vous avez ainsi vu dans une première partie le principe du Permanent Portfolio qui se base et vous protège dans les quatre saisons de l'économie.

Ensuite, vous avez pu voir le type de produits financiers pour placer votre argent de la manière la plus simple, et comment faire vos placements pour chaque saison.

Puis, vous avez découvert l'opération simple à faire une fois par an pour rééquilibrer votre Permanent Portfolio.

Enfin, vous avez vu l'importance de faire également de la diversification multiple pour aller encore plus loin dans la protection de votre capital, en diversifiant votre argent géographiquement et physiquement.

Encore une fois, renseignez-vous et lisez sur le Permanent Portfolio avant de commencer à investir, comme par exemple le livre d'Harry Browne "Fail-Safe Investing" ou "Permanent Portfolio" que vous pouvez notamment trouver sur Amazon.

N'hésitez pas non plus à consulter les forums tels que "gyroscopic investing" (http://gyroscopicinvesting.com/forum/index.php) ou les blogs qui en parlent, afin d'avoir le maximum d'informations sur ce système d'épargne qui peut vous changer la vie.

MODULE BONUS.

Pour terminer cette formation, voici un dernier module bonus qui vous propose un plan d'action en 2 étapes pour démarrer la construction de votre indépendance financière.

Ce qu'il faut savoir, c'est qu'à partir du moment où vous avez quelque chose qui vous rapporte automatiquement tous les mois davantage que ce que vous dépensez pour financer votre mode de vie, alors vous êtes techniquement à la retraite.

Ainsi, la première étape est de commencer par vous construire une épargne d'un an en vous créant un fond d'urgence d'une année complète comme on l'a vu au IV.2, auquel vous ne toucherez qu'en cas d'extrême urgence.

Vous pourrez placer ce fond de sécurité sur un compte à part et utiliser le principe du Permanent Portfolio.

Ce fond va vous permettre de transformer radicalement votre business car vous n'allez plus avoir la pression de vous demander ce qui va se passer la semaine prochaine ou le mois prochain, et vous pourrez ainsi avoir une vision à long terme en réfléchissant à ce qui va se passer l'année d'après.

En effet, quoi qu'il arrive dans votre business et même s'il chute du jour au lendemain, vous aurez une année entière pour vous refaire ou pour en développer un nouveau en toute sécurité financière.

Ce fond de sécurité est probablement le plus beau cadeau que vous puissiez vous faire, bien plus que tout ce qu'on pourrait dépenser à côté avec de l'argent.

Si vous n'en avez pas encore un, soyez assuré qu'un tel fond va vous changer littéralement la vie et la façon dont vous pensez la stratégie de votre business.

Par ailleurs, épargner un an de revenu est maintenant probablement beaucoup moins insurmontable que ce que vous pensiez au début de cette formation avant d'évoquer la relocalisation et le fait d'éviter les impôts quand on se relocalise.

Une fois que vous avez accumulé un an de fond de sécurité, la deuxième étape va consister à commencer à travailler à votre indépendance financière et à votre retraite.

Même si vous ne voulez pas la prendre tout de suite, le simple fait d'avoir le choix et de savoir que vous pouvez vous passer de travailler uniquement pour des raisons alimentaires vous permettra de travailler seulement sur les choses que vous aimez, et de refuser des projets qui ne vous correspondent pas.

Evidemment, la plupart des gens qui ont 25, 30, 40 voire même 50 ans, surtout s'ils sont entrepreneurs, ne vont pas s'arrêter de travailler à partir du moment où ils ont la possibilité d'avoir leur indépendance financière.

Ils sont en effet souvent passionnés par ce qu'ils font, et ont certainement besoin de défis, de challenges, et de continuer à offrir leur contribution au monde.

Cela dit, bien des personnes ne vont jamais plus travailler de la même façon si dorénavant ils travaillent par choix et non plus par obligation alimentaire, grâce à une épargne qui leur donne tous les mois 1000, 2000 ou 3000 euros sans avoir à travailler.

Par ailleurs, pendant tout le temps qu'ils continueront à travailler, ils n'auront pas forcément besoin d'utiliser les 4,5% d'intérêts dont ils peuvent disposer chaque mois.

Leur somme va donc encore s'accumuler notamment grâce aux intérêts composés pour faire augmenter encore plus leur épargne.

Puis, ils seront libres de prendre leur retraite quand ils le désirent vraiment, lorsqu'ils sentent que le moment est venu.

Ils seront aussi libres de recommencer à travailler si le fait de ne plus travailler ne leur convient pas.

Ceci termine ce module bonus, et il reste maintenant à conclure cette formation en page suivante.

CONCLUSION.

Voici la fin de cette formation.

Vous avez découvert un système complet vous permettant d'atteindre l'indépendance financière 4 fois plus vite que les autres et de prendre votre retraite à 30, 40 ou parfois même 25 ans.

Dans un premier module vous avez pu découvrir la mécanique exacte de ce système.

Dès le deuxième module, vous avez découvert un premier levier d'accélération qui vous a montré comment vous pouvez vous relocaliser pour vivre une vie de rêve pour deux à quatre fois moins cher.

Vous avez ainsi pu choisir le pays idéal pour vous, après avoir passé en revu les zones géographiques les plus privilégiées à la relocalisation.

Le troisième module vous a donné un deuxième levier d'accélération de votre épargne, en vous expliquant comment légalement ne plus avoir à payer d'impôts ni de charges sociales si vous décidez de vous relocaliser.

Vous avez également découvert des alternatives souvent peu connues pour remplacer efficacement la Sécurité sociale et votre couverture sociale actuelle.

Le quatrième module vous a montré la stratégie de l'épargne explosive qui vous permet d'économiser un maximum d'argent en un minimum de temps grâce à la magie des intérêts composés, pour aller encore plus vite.

Vous y avez par ailleurs notamment calculé le capital total dont vous avez besoin pour ne vivre que des intérêts de votre épargne, ainsi que la somme exacte à économiser chaque mois pour prendre votre retraite l'année de votre choix.

Enfin, le cinquième module vous a fait découvrir le fonctionnement d'un des placements les plus sûrs qui vous rapporte en moyenne 9,6% d'intérêts par an, et qui vous protège contre toutes les saisons de l'économie ainsi que des banques ou des changements législatifs éventuels.

Vous accélérez alors grâce à ce mode de placement drastiquement votre rapidité à épargner.

Enfin, un module bonus vous a armé d'un plan d'action en deux étapes pour vous permettre de commencer votre indépendance financière de la meilleure façon.

Finalement, l'idée de tout ce système est de pouvoir vous sentir libre de vivre la vie que vous voulez vraiment, et d'éviter que ce soit l'Etat ou quelqu'un d'autre qui dicte et décide de votre vie à votre place.

Qui décide de l'âge où vous devez prendre votre retraite.

Qui vous dit que vous n'avez pas le choix et que vous devez travailler.

Qui vous dit dans quel endroit vivre ou à quel moment prendre vos vacances.

Vous avez par cette formation tous les outils en main pour construire votre environnement et votre vie telle que vous la désirez vraiment.

La Terre entière peut devenir votre terrain de jeu, et c'est possible même si vous avez une famille et des enfants.

De nombreuses familles ont relevé le challenge de se relocaliser tout en gagnant une qualité de vie qu'ils n'auraient jamais pu avoir en restant dans leur pays actuel, alors pourquoi pas vous ? Et pourquoi pas maintenant ?

Par ailleurs, de nombreuses études ont montré que lorsqu'on est dans un environnement qu'on ne connait pas vraiment, alors on est beaucoup plus capable de dépasser ses limites, et aussi beaucoup plus créatif pour trouver de nouvelles idées prometteuses que si on était tout le temps dans le même environnement.

Ainsi, pour de nombreuses personnes, leur business a commencé à décoller à partir du moment où elles ont bougé.

Bouger leur a en effet permis de faire décoller leurs idées en les faisant sortir d'un environnement où elles se retrouvaient à travailler devant un mur blanc, dans une banlieue morose, ou à prendre le métro tous les jours en voyant les gens faire une tête d'enterrement.

Vous pouvez ainsi tout construire par vous-même.

Vous pouvez vous construire par vous-même, vous pouvez construire votre autonomie et votre indépendance financière par vous-même, vous pouvez construire l'endroit et l'environnement dans lequel vous voulez vivre par vous-même.

En clair, vous pouvez vous construire la vie de vos rêves, peu importe à quel point vous en êtes actuellement.

Ce qu'il ne faut pas oublier, c'est que la France est le cinquième pays le plus riche au monde, ce qui veut dire que partout ailleurs à part cinq pays, la vie y est moins chère.

Si vous choisissez bien, vous pouvez trouver des petits paradis sur Terre qui correspondent à votre idéal, à ce que vous rêvez et où vous allez pouvoir vous réaliser et construire votre indépendance.

Passer à l'action ne tient plus qu'à vous.

Je vous envoie donc tous mes voeux de succès dans la réalisation de votre indépendance financière et de vos rêves et projets de vie, et vous retrouve bientôt, j'espère, dans une prochaine formation.

A PROPOS DE L'AUTEUR.

Rémy Roulier est un ancien ingénieur informatique et responsable marketing dans une multinationale.

Il est aujourd'hui auteur best-seller, digital nomad et voyage partout dans le monde, ayant acquis depuis plus de dix ans une véritable expertise dans le marketing internet et le développement personnel.

Il partage aujourd'hui ses outils et son expérience pour permettre aux autres d'atteindre également leur indépendance financière et de façonner leur vie telle qu'ils la désirent vraiment.

CRÉATIONS DU MÊME AUTEUR.

Retrouvez mes nombreuses créations directement sur Amazon.

En voici aussi quelques-unes qui peuvent vous servir :

TRAFIC WEB EXTRÊME EN CREANT UN FAUX LIVRE:
COMMENT ECRIRE UN LIVRE INCONTOURNABLE SANS RIEN REDIGER ET
PROPULSER SON BLOG, DECUPLER SON TRAFIC INTERNET, EXPLOSER SA
MAILING LIST.
Découvrez comment vous pouvez facilement et rapidement créer un livre qui soit incontournable dans votre thématique sans rien devoir rédiger. Puis, distribuez-le pour faire le buzz, décupler votre trafic et exploser votre mailing list de personnes hyper ciblées. Avec cette technique, certains sont devenus N°1 de leur thématique, pourquoi pas vous?

VOTRE PREMIER SMIC SUR INTERNET EN 72 HEURES:
LE SYSTEME INEDIT LE PLUS RAPIDE POUR GAGNER DE L'ARGENT SUR
INTERNET QUAND ON N'A PAS LE TEMPS ET GENERER 1200 EUROS EN 3
JOURS SANS CREER DE PRODUIT.
Une méthode inédite pour générer vos premiers 1200 euros en ligne en seulement 3 jours et sans créer de produit. A posséder absolument pour tous ceux qui n'ont plus le temps ou qui ont déjà tout essayé pour gagner de l'argent sur Internet. Cette méthode va tout changer.

TITRES QUI VENDENT:
DANS 47 MINUTES VOUS ECRIREZ DES TITRES FACEBOOK, ADWORDS,
BLOG, PAGE DE VENTE, EMAIL COMME UN PRO DU COPYWRITING!
Découvrez les secrets et les 101 meilleurs templates pour créer des titres chocs qui vont vous rapporter (très) gros, et acquérir les compétences des meilleurs copywriters en seulement 47 minutes!

ECRIRE UN EBOOK IRRESISTIBLE EN UN WEEK-END:
LA NOUVELLE METHODE POUR ECRIRE UN LIVRE QUE LES LECTEURS
ADORENT, PRET A VENDRE LUNDI MATIN.
Laissez-vous guider par une procédure simple et d'une efficacité redoutable pour créer en seulement un week-end un ebook que les gens vont s'arracher, même si vous n'êtes pas expert dans un domaine.

DEVENIR RICHE EN 42 JOURS:
LA METHODE PAS-A-PAS POUR.GAGNER DE L'ARGENT SUR INTERNET ET
VIVRE SES REVES EN PARTANT DE RIEN.
Une méthode prouvée qui vous guide pas-à-pas et vous permet d'atteindre votre indépendance financière en 42 jours grâce à Internet, même si vous démarrez actuellement de rien. Un must à ne pas manquer.

www.ingramcontent.com/pod-product-compliance
Lightning Source LLC
Chambersburg PA
CBHW070111210526
45170CB00013B/813